Freistoß für Frieda

Text von Rüdiger Paulsen
Illustrationen von Daniel Kratzke

CARLSEN

Frieda hat zwei große Brüder,
Jan und Kalle, zehn und zwölf,
beide spielen sie begeistert
Fußball beim FC Bad Fölz.

Frieda will auch Fußball spielen.
Jan und Kalle meinen: »Nein!«
»Mädchen können doch nicht kicken
und schon gar nicht im Verein.«

BLOCK S Platz Nr. 0480
Spiel
No. 24
1975

Frieda findet Fußball klasse,
spart ihr ganzes Taschengeld,
kauft sich rote Fußballschuhe,
geht am Samstag mit aufs Feld.

»Hallo, Frieda«, sagt der Trainer,
»zeig mal deine Schuhe vor.
Ausgezeichnet, das passt prima.
Jemand fehlt bei uns im Tor.«

Frieda ist zwar etwas kleiner
als die Jungen auf dem Feld,
aber sie kann super springen,
auch wenn's Kalle nicht gefällt.

Abstoß! Frieda kickt die Pille
weit hinein ins Fußballgrün.
»Klasse«, ruft der Fußballtrainer,
»dieser Schuss war wirklich kühn.«

Jan erwischt den weiten Abschlag,
stoppt den Ball und flankt zu Paul.
Paul spielt schnell zu Kalle weiter,
der verpasst und spielt ein Foul.

Freistoß für die andre Mannschaft,
Torentfernung nicht sehr groß.
Frieda konzentriert sich, fragt sich:
»In welche Ecke kommt der bloß?«

Und schon kommt der Ball geflogen,
angeschnitten, ziemlich krumm
fliegt er hoch in weitem Bogen
um die andren Spieler rum.

Frieda macht zwei schnelle Schritte,
duckt sich kurz und springt dann ab,
fängt den Ball und landet sicher
vor dem Tor im grünen Gras.

Und dann geht es auch schon weiter,
alle wollen nun ein Tor,
doch mit Frieda in der Kiste
kommt das nicht so häufig vor.

Frieda springt und hüpft und hechtet,
mischt sich ein ins Abwehrspiel,
exzellente Glanzparaden,
ja die Frieda, die hält viel.

Plötzlich gibt es ein Getümmel
vor dem gegnerischen Tor.
»Handspiel!«, rufen Jan und Kalle,
so was kommt beim Fußball vor.

Freistoß nun für Friedas Mannschaft,
eine top Gelegenheit.
Fünfzehn Meter bis zum Kasten,
das ist wirklich nicht sehr weit.

Und am Spielfeldrand der Trainer
brüllt übers ganze Fußballfeld:
»Frieda soll den Freistoß schießen.«
Ob der Torwart den wohl hält?

Frieda rennt mit langen Schritten
vor das gegnerische Tor,
peilt die Lage, gibt Kommandos,
kratzt sich kurz am linken Ohr.

Dann geht sie sechs Schritte rückwärts,
trippelt zweimal, rennt dann los,
drischt mit ihrer ganzen Power
auf den Ball, das klappt grandios.

Geradeaus, mit hundert Sachen,
fliegt er übers Spielfeld hin
schräg von links über die Spieler,
volles Rohr! Das Ding ist drin.

Keine Zeit zum großen Jubeln,
Frieda läuft ganz schnell zurück,
schließlich ist sie eine Torfrau,
mit dem Freistoß, das war Glück.

Doch der Trainer sieht das anders.
»Frieda«, ruft er, »wunderbar!
Erste Sahne, große Klasse.
Du bist unser Fußballstar.«

Und dann ist das Spiel zu Ende,
2:1 durch Friedas Tor.

Jan und Kalle sind begeistert,
heben Frieda hoch empor.

Frieda freut sich und ist glücklich,
fühlt sich gut und nicht mehr klein,
spielt ab jetzt wie Jan und Kalle
Fußball im Bad Fölz-Verein.